英国式
素敵なサロンの作り方

自宅サロン「ロイヤル・エンクロージャー」へようこそ

小坂真理子

はじめに

　２０１９年６月、私は憧れのロイヤル・アスコットに参りました。ロイヤル・アスコットとは、毎年６月第３週にイギリス・アスコット競馬場でエリザベス女王が主催する競馬のことで、世界中の競馬界と社交界の大イベントとされています。テレビやファッション雑誌でご覧になったことはありませんか？　おしゃれな帽子を被ってドレスアップした女性たちと、シルクハットを被ったモーニング姿の紳士たちが競馬場にあふれているシーンを。

　アスコットへの入場は４つのエリアに分かれていますが、私は、王室関係者もしくはメンバーの紹介がある人しか入れない「ロイヤル・エンクロージャー」と呼ばれる特別なエリアに入場しました。そこはたしかに限られた人しか入れないエリアですが、レース観戦の合間に紳士淑女がシャンパン片手にローストビーフや豪華なランチを楽しんだりアフタヌーンティーとともに家族や友人との会話を楽しむなど、誰もが笑顔溢れる空間であったことに感銘を受けました。

私のサロンの名前「ロイヤル・エンクロージャー」はここから命名しました。敷居が高そうなイメージだけど、実は入ってみたら楽しさに満ち溢れる空間だった、そんなサロンにしたいと思ったのがその理由です。そして、このサロンのことをもっとよく知っていただきたいと思い、本書を発行することにしました。

イギリスのマナーハウスのような建物・インテリアから、テーブルを彩る２００年前の銀食器やアンティークのティーカップ、そしてティーフーズや紅茶、四季折々のフラワーアレンジメント…… これらひとつひとつに詰まっている私の思いに触れていただくことで、サロンで過ごす時間を何倍も楽しんでいただけるのではないかと思ったのです。私のサロンでは本場のアスコットのような厳格なドレスコードは設けてはおりません。でも、できれば普段よりもお洒落をしていらしていただき、この特別な空間を心ゆくまでお楽しみいただければと願っています。

小坂真理子

ロイヤル・エンクロージャーへようこそ

Contents

目　次

Cakes and Scones

テーブルのもうひとつの主役

Travelling England

ロンドン&カントリーサイド紀行

Column

Tea Party at Home

自宅アフタヌーンティーの時間

心のこもった手作りフーズと、たっぷりの紅茶
そしてゲストの皆さまとの愉しい語らい。
いつしかここは、非日常空間へと変わってゆく。
自宅アフタヌーンティーの素敵な魔力。

土曜の昼下がり、今日のお客様は４名。さあ楽しい時間の始まり。

一つ一つ真心を込めてティーフーズを作る。
丁寧に丁寧にテーブルの支度をする。
そんな思いやりが〝おもてなし〟になる。
「さあ召し上がれ」「美味しい！」と
食べていただけたら、とても嬉しい。

今、空前のアフタヌーンティーブーム。ホテルやティールームはこぞって季節のメニューを競い合っています。でも、もっと自宅でのお茶の時間を大切にして見たら、私はそう思ってサロンでお客様をもてなします。

お気に入りのティーセットを出し、きちんと茶葉を計り、お湯を沸かす。正しく時間を測って、充分蒸らす。そうやって、丁寧にお茶を入れることで所作さえも美しくなり、いつの間にか、心落ち着きます。お茶のお供（スウィーツ類）はなんでも。私は、スコーンをたくさん焼いて冷凍してストックしているので、いつでもクリームティーができます。

アフタヌーンティーというと、真っ先に三段スタンドを思い描く方も多いと思います。あの優雅な佇まいは憧れですし、スタンドがあるだけで、自宅でも本格的なホテルの気分が味わえます。また、狭いテーブルの場合、場所が省けて有効に使えるメリットもあります。購入する場合は、折り畳み可能のもの、組み立て式のものが収納に優れていて便利ですね。でも本家イギリスの家庭に行くと、大きなプレートに、ホールのケーキが豪快にいくつも並ぶ気楽なスタイルが多いものです。ですから、プレートだけでも十分素敵に、おもてなしはできます。

ティーカップ、カトラリー、ティーフーズ…
1つ1つ心を込めて丁寧にテーブルに並べてい
く。そんな”思いやり”がおもてなしにつながる。

かぼちゃとにんじんの冷製スープ、カラフル・ピクル
ス。甘いものだけでなく、スープやピクルスもメニュー
に加えると口直しになる。

「スコーンは温かいうちに」リクエストをもらってから温める。／メニューには決まりはない。甘いもの塩気のあるもの（セイボリー）両方あると理想的。

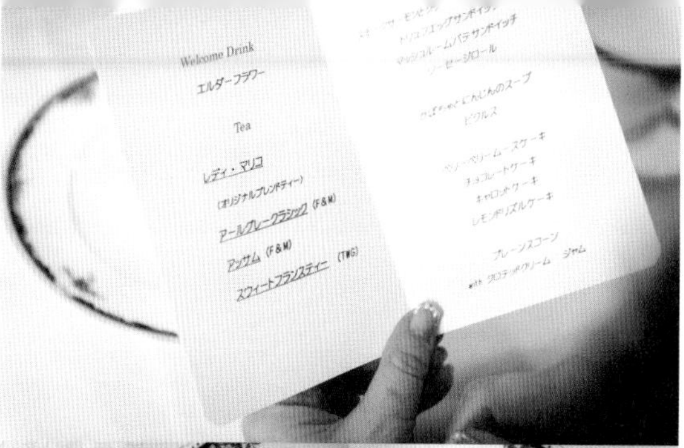

「ウェルカムドリンクをどうぞ」。緊張が徐々にほぐれてくると自己紹介が始まる。

メニューを仕上げるのも楽しみのひとつ。書体やレイアウトでサロンらしさを表現。／ウェッジウッドのオズボーン。私のお気に入り。イギリス・ワイト島にあるヴィクトリア女王の館に名前を冠したシリーズ。

Etiquette and Manners

ティーパーティーの基本

ティーパーティーを開くにあたって、
ちょっとした気遣い、コツを覚えておくと便利です。

食器・カトラリー・メニューの並べ方

アフタヌーンティーに必要なのは、基本的に、カップ＆ソーサー、プレート、スプーン、ナイフ、フォーク、ティーナプキンがあれば完璧です。ティーナプキンは、ディナーナプキンよりも小さめにできていますが、なければ、ディナーナプキンでも構いません。それをプレートの上に、シンプルに折ったもの、またはお洒落にデコレーションされたナプキンでも素敵ですね。正面にプレート、カトラリーは、右にナイフ、ひだりにフォーク（左利きの方は、ご自分で位置を変えても良いです）。カップ＆ソーサーは、右上、持ち手も右側になるようにします。ティースプーンは持ち手の斜め後ろに、さりげなく。メニューは、中央或はフォークの左側に置きます。

ホールケーキをうまく使う

ホールのケーキを焼いたり、用意した場合は、そのままテーブルにだしましょう。華やかになり、お客様の前で切ることで、一つの演出にもなりますが、それと同時に、皆様のお腹具合によって食べたい量が違ってくるためです。大きめ、小さめなど、お好みを伺って切って差し上げる方が親切です。

ティーフーズ

アフタヌーンティーは、サンドイッチ（セイボリー：甘くない塩気のあるもの）、スコーン、甘いお菓子の３種のプレートからなっているのは、皆さんよくご存知かと思います。可能であれば、各プレート２〜３種類は欲しいもの。けれど数種類作るのが大変という時は、スコーンだけ焼いて、サンドイッチやお菓子は買って来ても良いのではないでしょうか。大切なのは、おもてなしの心です。辛く、負担になってしまっては、楽しめません。季節のフルーツや買って来たお菓子の紹介も話題の一つになるでしょう。

小物を使ってトータルカラーコーディネート

まずは、特別感を演出するためにテーブルクロス、テーブルランナー、ランチョンマットなどを敷いてみましょう。素材も撥水加工のしてある大変便利なポリエステル、シンプルな木綿、お洒落なデザインの刺繍のあるもの、レース、など、素材によって雰囲気も随分と変わってくるでしょう。大切なのは使用する食器やその日のパーティーのテーマに合わせてストーリーを考えトータルカラーコーディネートをすることです。それだけでグンとお洒落になります。また、ナプキンもデコラティブな折り方を工夫したり、ナプキンリングを使ってさまざまなバリエーションを楽しむのもポイントです。より気軽なパーティーの場合は、色、柄ともに豊富で扱いやすい、ペーパーナプキンを使用するのも良いでしょう。

忘れてはいけないのは、お花を飾ること。これはもう必須だと思っています。ティーフーズやゲストの人数によって、テーブルのセンターに置いたり、左右対象に置いたり、小さいグラスで数ヶ所に置いたりと貴女のセンスで楽しんでください。

お客様の使い勝手を考えて

ミルク・砂糖・はちみつ、はあらかじめテーブルに並べておくと、お客様がお好みで使いやすいため気が利いています。

ヴィクトリアン・テラスハウスへの思い

私の暮らしはイギリスに囲まれています。
とりわけ「ヴィクトリアン」スタイルに
惹かれ、住まいそのものが
まるでイギリスにいるかのような
テラスハウスになっています。

イギリスのマナーハウスに滞在するかのように、心豊かに過ごすことが出来る。そんなこの家が大好き。

柔らかな光に包まれ、幸福なひと
時を過ごすことが出来るテラス。
この家で最もお気に入りの場所。

窓辺のベンチにはヨーロッパ旅行の
思い出のクッション達がたくさん。

私が「英国式」にこだわるようになった大きな理由のひとつが自宅の建て替えです。ごく普通の建売り住宅に住んでいましたが、そろそろ建て替えようということになった時、「せっかくなら大好きなイギリスのマナーハウスのような家にしたい」と考えたのです。

もともと紅茶やお菓子、アンティーク、建築、ガーデン、ロイヤ

PEOPLES OF ALL NATIONS
PEOPLES OF ALL NATIONS
PEOPLES OF ALL NATIONS
PEOPLES OF ALL NATIONS
PEOPLES OF ALL NATIONS
MUSIC VOL II
MUSIC VOL III
MUSIC VOL IV

ブリック貼りに装飾的なフラワーモチーフのタイルがポイント。屋根の上にはチムニーポット（煙突）がある。

上：キャビネットの上にも気配り。アーティフィシャルフラワーや絵画を置くことで、華やかに。／右：イギリスのアンティーク絵画がたくさんある。2階の廊下はちょっとしたギャラリーのよう。

ルファミリー、ファッションなど、イギリスには様々な深い関心がありましたが、どういう住まいにしようかを考えていたときに『Victorian Style』という洋書と出会ったのです。この本のなかには、私のお気に入りのスタイルがすべて網羅されていたのです。

そうして自宅のコンセプトは迷うことなく「ヴィクトリアン・テラスハウス」に決まりました。その後自分で部屋ごとのテーマを決め、壁の色、モールディングなどの装飾、絨毯やカーテンを選び、理想の家が実現しました。人生で一番長い時間を過ごす自宅こそ一番大切にしたい。私は夢のマナーハウスを手に入れたのです。

日常のなかにあるイギリス

映画などで、貴族のお姫様がよく起き上がってそのままベッドの上で紅茶をいただくシーンがありませんか？ 現在イギリスでは、結婚記念日に夫から妻へ、母の日や誕生日には子どもからお母さんに、日頃の感謝の気持ちを込めて紅茶を運ぶそうです。実は私も時々いただくことがあります。先日、体調を崩した時は、ベッドでクリームティーをしました。具合が悪く、かなり気が滅入っていたのですが、そんな時こそ、シルバートレーに大好きなバラのアンティークカップで紅茶をベッドに運びます。苦しいときほど、優雅な気分で過ごしたいのです。

ベッドティーで朝を迎える

朝起きてベッドの上で頂く紅茶は至福の時。

我が家は、毎朝、フルイングリッシュ・ブレックファーストまでは及びませんが、卵、ソーセージ、ベイクドトマト、他にサラダ、フルーツなどに、濃いめのミルクティー。そして、ロンドン・ポートベロー・アンティークマーケットで購入したトーストラックと珍しいスウェーデン製のアンティークペーパーナプキンホルダーを必ず出します。やはり気分はマナーハウス。朝から心と体に元気が注がれます。

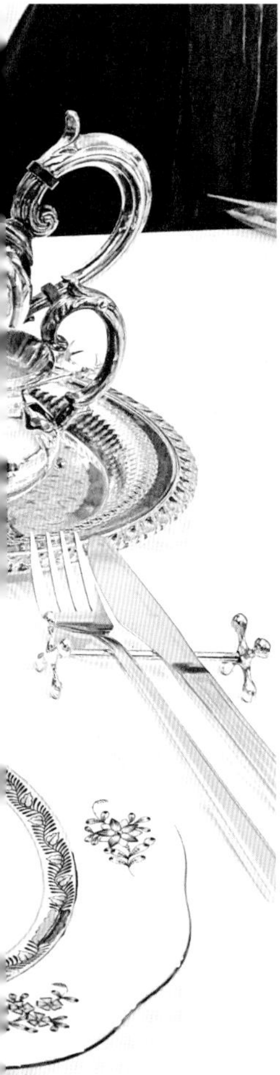

イギリス式朝食でマナーハウス気分

朝食時にもアンティークの食器が活躍。クラリットジャグにオレンジジュース（右上）。シルバーエッグスタンドが美しい（右中）。お姫様のシルバーナプキンホルダー（右下）。トーストラック、メロン・シェイプティーセット（上）

Hat

故ダイアナ妃も御愛用だったブランドのもので、一番のお気に入り。30 年近く大切に被っている。

トレードマークの帽子

私は帽子が大好きです。ロイヤルファミリーに憧れて、洋服とコーディネートしてオーダーしたりもします。子供の頃から、お花のいっぱい、ついた帽子をねだったりしてい

ましたね。家族の中では、私しか被る人がおらず、よく母には、目立つのに恥ずかしくないの？と聞かれました。日本人は、どうも人と違ったり、目立ったりするのをよく思わないところがあるようです。でも、私は気にしません。個性ですし、なにより、おしゃれですもの。帽子を被るだけで、外出が楽しくなります。

ある日、帽子売り場で一目惚れした帽子が、ダイアナ妃御愛用デザイナーズブランド、グラハム・スミスのものだったのです。当時はまだ、日本ではあまり見たことのない、派手ではないけれど、上品で、オシャレなフォルムに目が釘付けになってしまいました。そこから私の帽子愛も深まった気がします。

花のある幸せな空間

花は人の心を豊かにしてくれる。
特別な存在であるからこそ、
日々の生活に取り入れてほしい。

花とフルーツのコラボレーション。洋書や絵画から学んだ技法。

私は幼い頃から花を慈しみ、花の名前をよく覚える子どもでした。小さな庭には、八重桜、ヤマブキ、紫陽花、ミヤコワスレ… フェンスには淡いピンクのつるバラ。花瓶に飾るのは、わたしの担当。その頃から「花を生ける」を自然と身につけていったのかもしれません。

中学校時代になって、初めて華道・龍生派と出逢います。絵画に目覚めたわたしは、油彩にのめり込みます。そこで「花の色合わせ」を学んでいったのでしょうか。

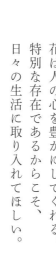

その後、古流・松藤会、などを経て、イギリス式の装飾的なアレンジメント技法に辿り着きます。

ある時、友人から結婚式のブーケを依頼されたのです。今ではあまり

高原の朝をイメージしたアレンジメント。淡いパステルカラーのグラデーションが爽やか。

日常的に飾る花は邪魔にならないように、ラウンド型に。パーティーでは、オーバル（楕円型）やファン（扇型）などにいけると華やかになる。

花とテーブルランナーとのコーディネートもの大切。色味のトーンを揃えてみる

見かけませんが、当日流行した、胡蝶蘭のブーケのリクエスト。バブル期のブーケは60～70センチもの長さのある大きなもので、かなり作りがいがありました。ブーケを持った純白のウェディングドレス姿の友人を見た時、このうえなく幸せに感激した瞬間でした。

　その後、何人かブーケの依頼を受けます。その経験を重ねるごとに改めて「花のある幸せ」「花のもつ力」の大切さを感じ、ついに東京・目黒にプリザーブドフラワーショップ「casa・de・rosa」をオープンします。

　大きくアルファベットのLやS字のラインを描いたアレンジメントなど、オリジナリティを大切にした作品を多く紹介してきました。また、オーダーメイドにもお応えし、詳しくご希望をお伺いすることで、お客様のプレゼントなさる方のイメージやシチュエーションに合わせて、色合わせやフォームを提案しました。そうして完成した作品を大変満足して頂き、再び「花のもつ力」を実感致しました。

　残念ながら、体調を崩し、フラワーショップは閉店してしまいます。けれど今も花のある暮らしは大切にしています。

　サロンの花は、おもてなしの心のあらわれ。心のこもった手作りフーズとたっぷりの紅茶、季節の花々は、豊かな空間と時間を演出し、皆さまを贅沢な世界へと誘ってくれるでしょう。

季節の行事を大切に

イギリスにも、日本と同じ、
美しい四季があります。
季節の行事とともに、
そんな〝旬〟を大切にしたい。

クリスマスはこの家が最も美しく輝く

初夏のメニュー、鮮やかな真紅が目を引くサマー・プディング。色とりどりのキッシュやセイボリーも充実。

イースター用のシムネルケーキ
シンボルのウサギがキュート。

さくらスコーン、ヨモギスコーンと春の訪れを意識して。

アップル・シェリー・マーマレード・ケーキ。

我が家のクリスマスデコレーション準備は、早々に11月には始まる。

クリスマスツリーの足元には、たくさんのプレゼントを並べて。

サロンでのパーティーの予定を決める際、重要なポイントの一つに季節の行事があります。例えば、近頃すっかり日本でも定着した春のイースター。日本では宗教的な意味合いは、全くありませんが、可愛いウサギと卵（多産のウサギは豊作、雌鶏は繁殖、命、再生の象徴とされた）がシンボルとされているため、受け入れやすかったのではないでしょうか。私のサロンでは、イギリスの伝統的なケーキ、シムネルケーキを焼いてお出ししました。

夏になると、ベリーがたっぷりのサマープディング、メレンゲと苺や、フルーツのグラスデザート、イートンメス、10月はハロウィン、ブラムリーアップルの時期になると、アップルパイなど旬のフルーツを使用と季節の移ろいを舌で、また目でも感じて頂ける様に工夫しています。また、時には和のテイスト、桜やヨモギを使ったスコーンをお出し

することもあります。

12月は一年で一番のメインイベント、クリスマスをテーマにしたパーティーがあります。2メートルのツリーや輝くイルミネーション、プディングにミンスパイ、ローストビーフなどなど、いつもよりメニューの品数も多くなり、テーブルは華やかさいっぱいになります。どうぞ皆さま一年の締めくくり、めいっぱいお洒落をしていらして下さいませ。

ホールのケーキもテーブルに並ぶ。パーティーでは「大きめがいいかしら？小さめ？」こんなコミュニケーションをとっている。

華やかなベリーといちごのソースたっぷりのクリスマスリース型・パブロヴァ。

ラ・フランスゼリー、ビーツの冷製スープ

左：サーモンとクリームチーズのオープンサンド。中：トリュフ・エッグマヨネーズサンドイッチ。右：マッシュルームパテオープンサンド

右上より時計回りに：クリスマスフルーツケーキ、チョコレートプディング、一年以上前からじっくり漬けたドライフルーツを使った星型ミンスパイ

Etiquette and Manners

ティーパーティーのエチケット

お招きいただいたゲストの方にもちょっとした、エチケットがあります。
決して大袈裟な事ではありません。ちょっとした心遣いです。
お招きした側も、された側も気持ち良くパーティーを過ごしたいものですね。

❶ ファッショナブリー・レイト

日本人は時間に正確です。それは、ある意味当たり前ですし、良いことです。しかし、パーティーなどに招待された場合は、ちょっと違います。ホスト（ホステス）は、時間を見ながら、最後の仕上げでミントを飾りつけしているかもしれません。また大急ぎでお化粧をしたり、ドレスに着替えているかもしれません。そんな時、早めに訪問するのは、ちょっと困りもの。マナーとしては、10分程度遅れて訪問するのが思いやり。欧米では、それが当たり前とされています。それがファッショナブリーレイトです。

❷ 手土産はほんの気持ちでOK

もし、手土産を持参する場合は、一番重要なのは、「何をプレゼントすれば喜んでもらえるか？」です。そこで、先ず目的を考えましょう。パーティーにすぐ役立つものなのか、そうでないものか？　食べ物か、そうでないものかに分けられます。

前者の場合、食後につまめるフルーツやチョコレートは如何でしょうか？　アフタヌーンティーでは、紅茶は必需品。お気に入りの紅茶を持参し、おすすめするのも良い案だと思います。また、冷えたノンアルコールドリンクも気が利いているでしょう。

後者の場合、やはり1位はお花でしょう。私は、ホストがすぐに飾れるように、あらかじめオアシスにアレンジメントされたものにするよう心がけます。また、程よい大きさのブーケにあった小さめの花瓶を一緒にプレゼントすることもあります。すぐに飾っていただけて、花瓶を探す手間をかけずにすみます。これも思いやりのひとつだと思います。

ここまでは、パーティーにすぐに役に立つもの。他にもホストが喜ぶ、アロマグッズなども素敵ですね。

❸ パーティーでの会話の豆知識

会話を楽しむ秘訣として「武勇伝、自分の子供の自慢話や個人的なネガティブな話題、愚痴、悪口、噂話などはNGです。「また、お会いしたいわね。」そう思えるような楽しい話題を心がけましょう。

❹ 中座のナプキンの置き方

食事中、席を外す場合、皆さんは膝に置いたナプキンは、どうなさいますか。思わず、椅子に置いたり、背もたれにかけたりしていませんか。それは大きな間違いです。もしも、ナプキンに、ジャムやクロテッドクリームが付いているかも知れません。その場合、大切な家具を汚してしまう可能性があるからです。必ず、さりげなくきちんとたたみ、テーブルの上の自分の左側に置いてから席を立ちましょう。

❺ 食後のナプキンの置き方

楽しいパーティーが終わり、お暇するときもスマートに振る舞いたいもの。食後のナプキンも丸めたり乱雑に置いたりせず、軽くたたみ、中座の時と同じようにテーブルの上の自分の左側に置いて置きましょう。間違っても、食べ終わったお皿の中央に置くことのないよう注意してください。

❻ お礼のメッセージ

お招きいただいたら、その日のうちにお礼のメッセージを送りましょう。心のこもった手描きのお手紙が最も理想的ではありますが、このスピード時代、やはり、メールやLINEなどで構わないと思います。ただし、家を出て直ぐだと、片付けが忙しく対応出来ないため、しばらく時間をおいてから、メッセージを送るのが思いやりかも知れません。

特別な時を演出するシルバーたち

例えば２００年もの昔から
大切に受け継がれてきたシルバーポット。
その細部に奥深いイギリスの歴史が
宿っているかのよう。

1836年 スコティッシュ・シルバーポット。「百合が好きな方だったの？」。細部にわたって、可憐な花が。

1900年 ティーキャディー。スターリングシルバー。スクウェアの形が大変珍しく一目惚れ。表面にほどこされた華奢なリボンや花模様がエレガント。ティーストレーナーはイギリスにはない珍しいフォルム。ドットの穴ではない、レースのような透かしがフランス製らしい。

先日、シルバーポットを譲るから使いませんか？と数人のアフタヌーンティー仲間にたずねました。ところが皆さん、口を揃えて「手入れができないから」とおっしゃって、少し残念でした。確かに放っておけば、変色します。しかし、手を入れれば入れただけピカピカに輝いてくれるのです。私にとって、我が子のように愛おしい存在です。１３００年代の物でもまだ現役。どんな歴史をたどってきたのかを想像するのも楽しいもの。こんなに愛着の湧く食器はないと思います。

　ポットだけではありません。私は、ヴィクトリアン・ビスケットウォーマーやコンポート、トレーやバスケット、何でも日常使いしてしまいます。日常を豪華にするのって楽しいと思いませんか？　それに、仕舞っておくと結局使わなくなって、あとで箱を開けたら真っ黒だった……。そんな悲しいことになってしまいます。

1836年　スコティッシュ・シルバーポット。イニシャル入りで、恐らく特注品だったのだろう。『M.S』偶然にも私が嫁ぐ前のイニシャルと同じ。運命を感じずにはいられない。

1900年代 シルバープレート・ティーセット。貴婦人のドレスを思わせる繊細なエンボス装飾が美しい。1人のティータイムにはこれを使用する。

1900年代 ビスケットウォーマー。ヴィクトリア時代、中にビスケットなどを入れて暖炉の前で温めたり、左右にお湯を張って、仕切りを倒し、その上に乗せ温めていた。

1880年 イパーン。テーブルをより豪華に彩るセンターピース。左右にはケーキ、小菓子など、中央にはお花や果物を飾って。

1850年 ティーケトル。ヴィクトリア時代、貴族のお屋敷では、地下のキッチンのヤカンで沸かしたお湯をこのような美しいシルバーのケトルへ移して家主の所へ運んでいたという。現在ではアルコールランプは使っていないが、ティーアイテムコレクションのシンボル的存在である。

1900年 クラレットジャグ。赤ワインを入れてガラスのカッティングの美しさを楽しむものですが、我が家では、オレンジジュースなどを入れて、朝食時日常使いしている。

ジャムディッシュ。ブルーのガラスとシルバーの組み合わせは白いクロテッドクリームを盛ると、最高に美しい。

トーストラック。ポートベローマーケットにて購入。花のような女性らしい曲線が美しい。素敵な朝食を演出してくれる。

サーバー、サービングナイフ。パーティーでは大活躍の名脇役たち。是非揃えたい、おしゃれアイテム。

1900 年 カトラリーシルバー & マザー・オブ・パール (白蝶貝) ヴィクトリア時代に富を象徴する高級カトラリーとして上流階級の間で使われていた。

1900 年 イパーン。シルバー花器。少量の花でも豪華に魅せてくれる効果あり。足元のアイビーがポイント。

1890 年 エッグスタンド。朝食時の茹で卵に使用。美しい透かし彫りがポイント。優雅な朝を演出してくれる。

アンティークを大切に使うために

シルバーのお手入れの仕方（ポット編）

使用後は、内側を水で流し、柔らかい布で水気をよく拭いてください。とにかくシルバーは、水分を嫌います。ちゃんと乾かしてから保管しましょう。内側や、細部に付着した茶渋が気になる時は、諸説ありますが、私は、たわしや、食器洗い用スポンジなどは使用せず、重曹と塩を同量大体ポット 1500ml につき大さじ２～３杯杯ずつをいれて、熱湯を注ぎ１時間以上置きます。その後、お湯を捨てると、汚れが、茶色くなって落ちていきます。

特に内側の汚れが気にならないようでしたら、日常の通常のお手入れ、シルバー磨き液と目の細かい柔らかい布を使って、丁寧に磨いてください。気をつけなければならないことは、シルバーは、大変柔らかな金属なので、目の荒いタオルなどで磨いただけで、傷がついてしまいます。磨く時は、専門店やアンティークショップで売っているクロスが間違いないでしょう。因みに、シルバー磨きはクリームよりも液の方が良いと思います。クリームだと、細かい彫りや、透かし部分にクリームが入り込み白く残ってしまい厄介です。

シルバーのお手入れの仕方（カトラリー編）

ケーキなどの油分のあるものを食べた後は、コップ熱湯を注ぎ、その中に、刃先の部分のみ漬けます。特に、白蝶貝のカトラリーの場合は、シルバーとの接続部分を濡らすと、接着剤が溶け出し、いつかは、壊れてしまうかもしれません。食べるときに使った部分のみ濡らすように注意しましょう。食器用洗剤を指につけ、手で優しく洗い、よく乾かし、柔らかい布で乾拭き、仕上げます。決して、食器洗い用スポンジは使わないでください。繰り返し言いますが、傷になる原因になります。

いつも紅茶とともに

朝まず一杯、濃い目のミルクティー。
ホッとひと息、リフレッシュティー。
手作りスウィーツと共にアフタヌーンティー。
そして床に着く前のハーブティー。
なんて心豊かな私のお茶の時間。

Tea for everyone

1826 年ハンガリーで誕生した陶磁器ブランド。ヘレンド・アポニーターコイズプラチナシリーズ現行品

ヘレンドは、ハプスブルク家庇護の下、王妃エリザベートやヴィクトリア女王など、ヨーロッパ各国の高貴な貴族を魅了してきた。

アフタヌーンティーには欠かせない紅茶。ティーフーズもたくさんありますし、ストレート、ミルクティーと、その食事に会ったフレーバーを選ぶ楽しみもありますから、紅茶も２～３種類は用意しましょう。また、季節のフレーバーティーがあると、お洒落ですね。特にクリスマススパイスティーは人気があります。きっと、交換した紅茶の味や香りも話題の一つとなり、話も盛り上がるでしょう。

ブルーと緑のプラチナが初夏からのパーティーにぴったり。百合や白バラを飾るとより涼しげになって素敵。

ヘレンドは現在においても手作り、手描きの伝統を守り続けている。

1836 年スポード・コープランド。
ブルーイタリアンで有名なスポー
ドのヴィクトリア時代のお品。

華やかな黄金のカップ＆ソーサー。
特別の席にふさわしい品格がある。

1930〜1990年生産・現在廃盤ウェッジ・ウッド、トンキンルビー。生産量が少なく、入手困難な貴重なお品。深紅に金彩と大変豪華で秋からクリスマスにかけての行事にぴったり。

上：1840年リッジウェイ、貴重なマイカップ。／右：オリジナル・ティー『レディ・マリコ』。優しいラ・フランスの香り。

私のイメージのオリジナル ブレンド・フレーバーティー 「Lady Mariko」

サロンのオリジナルブレンドのフレーバーティーを作りました。実は、私自身が、ブレンドしたのではなく、紅茶のエキスパートである奥村裕美子先生が私のイメージで調合し、プレゼントしてくださったのです。そこで、「Lady Mariko」と名付けました。爽やかな甘みが魅力のみずみずしさ溢れるニルギリ紅茶に気品のあるラ・フランスの芳醇な香りをくわえて作ってくださいました。大変飲みやすく、癖もないので、私自身気に入っています。自分のイメージ・名前の紅茶、なんて素敵なプレゼントでしょう！人と人との出会いに感謝です。

フレーバーティーは、ヨーロッパやアメリカでは、非日常を楽しんだり、気分をリラックスさせたりしてくれると、人気があり、特にドイツ、フランス、スウェーデン等は消費量も多く種類も豊富です。サロンでも、ストレートティーの他にも、いくつかフレーバーティーを用意しています。

＊「Lady Mariko」は販売しております。

Tea Stories

紅茶にまつわる知識&アドバイス

美味しい紅茶の淹れ方

ポットを2つ用意して予め茶葉をこしてから提供する方法と、1つのポットに直接茶葉を入れる方法があります。前者の方がずっと同じ濃さで美味しく飲んでいただけますが、ちょっと面倒なので、わたしのサロンでは、後者の方法で淹れています。濃くなった場合は、差し湯をお願いしています。

1 ティーポット、カップは、あらかじめお湯を入れ温めておきます。

2 ポットに茶葉を計って入れます。一人あたりの分量はティースプーンに1杯(3g)を150mlの沸騰したお湯を注ぎます。

3 お湯を注いだら、すぐにポットの蓋をして蒸らします。細かい葉は2分、大きい葉は3分が目安。ミルクティーなら細かい葉3分、大きい葉4分が目安です。

4 ティーストレーナーでこしながら、各ティーカップの濃さと分量が均等になるように注ぎ　ます。美味しい紅茶の出来上がりです。

＊ミルクティーにする場合は、室温の牛乳を使用して下さい。温めた牛乳は、紅茶の香りを邪魔します。

ミルクを入れる順番

ミルクティーのミルクは先に入れるのも、後に入れるも今、現在では、お好みかと思います。ただ歴史的な背景で、紅茶が高価でしたので、ハイクラスの方々は、たっぷりの紅茶に、後から、少量のミルクを入れて飲む事がステイタスと考えたようです。お好みですが、前述の奥村先生は、紅茶を先にカップに入れ、紅茶の色と香りを楽しみ、ストレートよりミルクティーを頂きたいと思うと後でミルクを入れるそうです。

紅茶の賞味期限と正しい保存の仕方

紅茶の賞味期限

紅茶は一度開封したら、香りや風味がどんどん飛んでいって、味が落ちてしまいます。ですから、出来るだけ、美味しい状態で飲むには、開封してから、およそ2ヶ月以内に飲みきるのが理想的といわれています。未開封状態でも、約2年以内には飲むようにしましょう。

紅茶の保存の仕方・正しい保管場所

基本的に日光が当たらない場所なら何処でも大丈夫です。何故か、冷蔵庫に保管するという説が常識のように思われていますが、これは大きな間違えです。冷蔵庫の食品の臭いが移ってしまい、紅茶本来の香りが台無しになってしまいます。また、湿気を帯びて美味しくない紅茶になってしまいます。紅茶の保管は常温で構いません。但し、先にも申し上げたとおり、1、日の光にあてない、2、きちんと湿気ないよう密閉する、3、臭い移りのないようにする。この点に注意すると、茶葉の保管に最も適しているのは、缶での保存です。

紅茶を購入する場合の注意点

大袋の方がお得ですよと定員さんに言われ、ついつい買っていませんか？　何度も言っていますが紅茶は賞味期限が短いため、購入する場合は、すぐに飲みきれるよう少量にするのをおすすめします。

Cakes and Scones

テーブルのもうひとつの主役

ティータイムを素敵にしてくれる
スウィーツたち。
手軽に作れるレシピを
お楽しみください。

真っ赤なベリーのムースはテーブルの主役。ナイフを入れる瞬間、歓声があがる。

薄力粉と強力粉を混ぜ、卵液を入れることで、ふんわりしっとりとした焼き上がりになります。
少し甘めな、ホテルタイプのスコーンです。

スコーン

材料
(5.2cm 抜き型８個分)

薄力粉	200g
強力粉	50g
ベーキングパウダー	7g
無塩バター	50g
グラニュー糖	50g
牛乳	70ml
卵	1個
打ち粉(強力粉)	適量

下準備
*オーブンを 200℃に余熱温めておく。
*無塩バターはサイコロ状に切り、冷蔵庫で冷やしておく。
*全卵を溶き、牛乳と合わせ混ぜ、卵液を作る。
*粉類を合わせふるっておく。

1 ふるった粉類をボウルに入れる。
2 冷やしておいたバターを加え、スケッパー（カード）でバターを細かく刻む。
3 手を使って、手の熱を加えないよう素早くパン粉状にし、グラニュー糖を加える。
4 卵液を少しずつ加える。この時、生地がベトついて、ゆるくなりすぎないよう(まとまらなくなる）注意し、加減しながら加えること（焼く前のつや出しのために、少量残しておく）
5 打ち粉をした台に、生地をのせ、表面がなめらかになるまで、軽くこねる。
6 めん棒を使って、2.5cm の厚さに伸ばし、抜き型にも打ち粉をしながら生地を抜く（この時、抜き型の上を手でふさがないよう型のふちを持って垂直に抜くと、きれいに抜ける）
7 クッキングシートを敷いた天板に並べ、残った卵液をつや出しのためにハケで表面に塗る。
8 余熱したオーブンに入れ 200℃で８分 190℃に下げ７分焼く（オーブンによって加減すること)。網に乗せて、粗熱をとる。

丸く成形できず余った
生地の楽しみ方

チーズやシナモン＆グラニュー糖などを混ぜ込んで、違った味のスコーンを作っても良い。

真っ白いメレンゲと色鮮やかなベリーをクリスマスリースに見立てました。
サクサク食感とふんわり生クリームの絶妙なハーモニーはディナーの締めくくりに
ふさわしいデザートでしょう。

クリスマスリース・パブロヴァ

材料（直径 24cm）

●メレンゲ
卵白……………… 60g（卵約２個分）
コーンスターチ ……………… 小 2/3
バニラオイル …………………4 ～ 5 滴
レモン汁 ……………………… 小 2/3
グラニュー糖 …………………… 110g
●仕上げ用ソース
いちご……………………………… 100g
グラニュー糖 ……………………15g

●仕上げ用クリーム
生クリーム …………………… 200ml
グラニュー糖 ……………………10g
キルシュ …………………………5ml
●仕上げ用フルーツ
いちご、ブルーベリー、ラズベリー、ブラックベリーなど
●仕上げ用
なかない粉糖 ……………………適量
●飾り
ミント

下準備
■オーブンは 130℃に予熱しておく。
■ソース用いちごはミキサーにかける。
■仕上げ盛り付け用のいちごを切っておく。
■星口金、絞り袋用意

作り方
❶ ボウルに卵白を入れて、コーンスターチ、バニラオイルとレモン汁を加えてハンドミキサーで混ぜ合わせる。グラニュー糖を (110g) を３回に分けて加え、しっかり角が立つまで泡立てる。
❷ 絞り袋に口金をつけ、❶ を詰め、クッキングシートを敷いた天板に、直径 24cm のドーナツ型に絞り出す。縁の部分は土手を作るように 2、3 段重ねて絞る。
❸ 130℃の予熱したオーブンを 120℃に下げ、60 分～ 75 分ゆっくり焼く。焼き色を付けないように注意し、こまめにチェックし、色がつきそうになったら、温度をまめに下げ調整する。
❹ そのままオーブンの中で、ゆっくり冷ます。

いちごソース
■ミキサーにかけたいちごに、グラニュー糖 15g を加え、小鍋でトロリとするまで煮詰める。粗熱をとったら、いちごソースの出来上がり。

クリーム
■生クリームをボウルに入れ、グラニュー糖 (10g)、キルシュを加え、ハンドミキサーで８分立てにする。

仕上げ
❶ 食べる直前に、メレンゲの上に生クリームを流し入れ、彩り良くベリー類を盛り付ける。
❷ いちごソースを少しずつ、ぐるりと回しかける。
❸ 粉糖を振り、ミントを数カ所飾る。

蒸したチョコレートケーキに濃厚なチョコレートソースをかけて食べるデザートです。
温かいうちに食べるのがベストですが、夏は冷やしてどうぞ。

チョコレート・プディング

材料

Ⓐ
- 無塩バター ……………………50g
- 三温糖 …………………………50g
- ゴールデンシロップ…… 大さじ 1

Ⓑ
- 卵 1/2 個
- 牛乳 ………………………… 75ml

Ⓒ
- 薄力粉 ……………………… 100g
- ベーキングパウダー…… 大さじ 1
- ココアパウダー(無糖)… 小さじ 2

Ⓓ
- スィートチョコレート………25g
- カレンツ(レーズン可) ……20g
- くるみ …………………………20g

無塩バター(ボウル塗る用)………適量

●チョコレートソース
- 生クリーム ………………………… 80ml
- 牛乳……………………………… 60ml
- スィートチョコレート ………… 100g
- ゴールデンシロップ ………… 大さじ 1

●飾り
- ミント
- ピンクペッパー ……………………3 粒

下準備

■蒸し器をあらかじめ沸騰させ蒸気を立てておく。
■バター・ゴールデンシロップ（またはハチミツ）は室温に戻し柔らかくする。
■卵は室温に戻しておく。
■チョコレート・くるみは粗くきざむ。
■プディングボウルの内側にバターを薄く塗る。
■クッキングシートを直径 7.5cm の円形に切ってボウルの底に敷く。
■別のクッキングシートをプディングボウルの直径に合わせて円形に切り、中央に直径 3cm ほどの穴を開けてドーナツ状に切っておく。
■粉類を合わせて、ふるっておく。

用意する道具

■プディングボウル 500ml　直径 14cm (MASON CASH)
■タコ糸
■アルミホイル
■クッキングシート
■竹串

作り方

❶ 鍋に Ⓐ を入れ、木べらで混ぜながら中火にかける。滑らかに溶けたらボウルに移して冷ます。粗熱が取れたら、Ⓑ を少しずつ加え、混ぜ合わせる。
❷ ふるった Ⓒ のボウルに 1 を加え、静かに混ぜる。
❸ さらに Ⓓ を加え、静かに混ぜ合わせる。
❹ 生地をプディングボウルに流し入れ、ドーナツ形に切ったクッキングシートをかぶせて密着させる。クッキングシート中央に 1cm ほどひだを作り折り、型にかぶせて蓋をする。
(生地が膨らんで破裂しないために折る)
周囲をたこ糸で縛り、固定する。さらにアルミホイルをふんわりかぶせて蓋をし、周囲をたこ糸で縛る。
❺ 蒸器の熱湯を切らさないように注意して、中火で 40 ～ 60 分蒸す。蒸しすぎると堅くなるので注意する。
❻ 中心に竹串を刺して生地がついてこなければ蒸しおわり。取り出して冷まし、荒熱が取れたら、すぐに型から抜く。
❼ チョコレートソースを作る。材料をすべて鍋に入れ、木べらで静かに混ぜながら沸騰直前まで中火にかける。
❽ チョコレートソースをかけて、ミント、ピンクペッパーを飾って出来上がり。
＊蒸したてに食べるのがベストだが、冷めたら電子レンジで温め直すと良い。また逆に冷やして温かいチョコレートソースをかけて食べるのも美味しい。

いつもとちょっと趣向を変えて…ムースケーキは如何でしょうか？
二層の間にラズベリーを散らすことで、切り口も美しく、テーブルを華やかに彩ります。

ベリームース(ダブルビスキュイサンドケーキ)

材料：直径 15cm 丸型・1 台分
(底の抜けるタイプの型またはセルクル)

●ビスキュイ生地

薄力粉	50g
Ⓐ卵黄	2個
Ⓐグラニュー糖	20g
Ⓑ卵白（M サイズ）	2個分
Ⓑグラニュー糖	30g
冷凍ラズベリー	少々
粉糖	80g

●シロップ

グラニュー糖	20g
水	20g

●いちごムース

いちご	200g
生クリーム	150ml
グラニュー糖	40g
粉ゼラチン	6g
水（ふやかす用）	20g
キルシュ	10ml

●ゼリー

ラズベリーピューレ	100g
グラニュー糖	20g
粉ゼラチン	2g
水（ふやかす用）	20g
冷凍ミックスベリー	50g

下準備

■クッキングシートに直径 14cm の円と直径 12cm の円を描いておく。
■オーブンは 180℃に予熱。
■ゼラチンを分量の水に振り入れて混ぜ、ふやけるまで 15 分～ 20 分待つ。
■いちごのヘタを切り取っおく。
■冷凍ミックスベリーを自然解凍し粗くきざむ。

作り方

❶まず、ビスキュイ生地をつくる。ボウルにⒶを入れマヨネーズ色に、もったりするまで、泡立てる。
❷ 別のボウルに卵白を入れ、ほぐれる程度泡立てたら、Ⓑを 3 回に分けて加え、その都度ハンドミキサーで泡立て、角が立つまで泡立てる。
❸❶を加え、ゴムベラで底から切るように 8 割程度混ぜ合わせ、薄力粉をふるい入れ、粉っぽさがなくなるまで混ぜたら、丸口金を入れた絞り袋へ入れる。
❹クッキングシートを天板にのせ、12cm と 14cm の円状に❸を絞り、冷凍のラズベリーを細かく散らす。粉糖をたっぷりと振る。180℃のオーブンで 10 分焼き、粗熱を取る。
❺いちごムースを作る。ふやかしたゼラチンを 500w 電子レンジで約 20 秒溶かす。この時、沸騰しないよう注意する。
❻ 別のボウルに生クリーム、グラニュー糖を入れ、ハンドミキサーで 8 分立てに泡立てる。
❼いちごをミキサーにかける。キルシュ、❺を加えて混ぜたら❻に加えよく混ぜる。
❽ シロップを作る。グラニュー糖と水を耐熱容器に入れて、溶けるまで電子レンジにかける
❾型に 14cm の❹を底に入れ、刷毛でシロップをたっぷり塗り❼を半量入れる。12cm の❹を入れてから再度シロップを塗り残りの❼を入れる。冷蔵庫で 60 分冷やし固める。
❿ ゼリーを作る。ふやかしたゼラチンを 500w 電子レンジで約 20 秒溶かす。
⓫小鍋にラズベリーピューレ、グラニュー糖、❿を入れ弱火にかける。
⓬ ❾の上に完全に冷めた⓫を流し、上にミックスベリーを並べて冷蔵庫で 60 分冷やし固める。
⓭ 冷やし固まったら、そっと型からぬき、ミントを飾り出来上がり。

ロンドン＆カントリーサイド紀行

私の
好きなイギリス

長い歴史を経て作りあげられた格式、
華やかな社交文化、紅茶、アフタヌーンティー…
イギリスは本当に奥深い。

北ヨークシャー、ハロゲイトの町。ベティーズというティールーム目当てに多くのファンが訪れる。

色とりどりの帽子が集う 社交イベントの華

The Royal Ascot

ロイヤル・アスコット（アスコット）

アスコット競馬場の巨大スタンド。写真はエリザベス女王入場パレード。王室ファミリーが一堂に会する。

特別観戦エリア、ロイヤル・エンクロージャーガーデン。

コースでの昼食、アフタヌーンティー、シャンパンと自由に楽しめる、贅沢な時間。

ロイヤル・アスコットを皆さんご存知でしょうか。雑誌のファッション特集などで、男性はシルクハットにモーニング姿、女性は色とりどりの奇抜なデザインの帽子を被っている、驚きのイベントがあることは、なんとなくみたことがあるのではないでしょうか。実はそのイベントこそが毎年6月第三週に、イギリス王室主催・アスコット競馬場で行われる競馬レース＝ロイヤルアスコットなのです。この行事は王室年間行事の中で、もっとも華やかな行事の一つといえるでしょう。

このアスコット（イギリスでは、ロイヤルミーティングといいます）のドレスコードは厳しく、基本的に女性は皆、帽子を被らなければならないのです。決して“派手な帽子”という決まりはないですが、お祭り気分に拍車がかかり、だんだんエスカレートしていったのだと思います。ただし、つばの大きさなど、細かい決まりはあるため、ご参加なさる方は、あ

ロイヤル・エンクロージャーはレースの行われるすぐ側まで、近寄ることが出来る。

右：つばの広い帽子にゴージャスな羽根をあしらって。／この日のアテンドはブリティッシュ・スクール・オブ・エチケット代表　フィリップ・サイクス氏。

Advice

帽子はどこで調達するのか？

日本であらかじめ用意する場合のオススメ帽子店は、東京は、銀座トラヤ帽子店（ご婦人帽子は浅草店で取り扱っています）、銀座・ボーグ帽子サロン、関西エリアでは、神戸の帽子専門店マキシンが良いでしょう。

ただ、ここにあげたショップは皆、高級帽子店なため、お値段もかなりはります。一度しか被らないことを考えるなら、手頃な値段で買える、楽天、Amazonで購入するのも良いと思います。また、いっそ旅の記念に、現地で買うという方法も。セルフリッジズなどの高級百貨店では、アスコットの時期になると帽子売り場が増設され賑わいます。日本よりも多少手頃な値段で手に入れることができるでしょう。

らかじめ、確認したほうが良いでしょう。

観覧席エリアのランクは、4つに分かれます。例えるならば、ファーストクラスの「ロイヤル・エンクロージャー」、ビジネスクラスの「クイーンアン・エンクロージャー」、プレミアムエコノミークラスの「ヴィレッジ・エンクロージャー」、そしてエコノミークラスの「ウィンザー・エンクロージャー」といったところでしょうか。「ロイヤル・エンクロージャー」もともとはジョージ3世の招待客専用に設けられた特別観戦エリアでした。今日も上流階級の限られた、招待を受けた人（4年以上の資格保有者からの推薦）といった条件があります。

お洒落帽子スナップショット。奇抜なファッションもさまになっている。

憧れの豪華列車で
日帰りの旅

Belmond British Pullman

ブリティッシュ・プルマン

美しくテーブルセッティングされた車内。カーテン、座席、内装はそれぞれ異なる。爽やかな色合いの食器が好印象。車窓の花も気持ちが上がる。

プラットフォームでスタッフと記念写真を。気さくに応じてくれる。

1940年代のアール・ヌーヴォーのデザインが実に優雅。

ロンドン・ヴィクトリア駅、2番プラットフォーム。そこには、ベルモント・ブリティッシュ・プルマン専用受付口があります。プルマンは別名「貴族列車」。一度は乗ってみたいと、憧れていました。今回は、9:40発、ヘッドコーン駅経由、リーズ城観光、ロンドンへ・車内ディナーという周遊ツアーを体験してまいりました。

プルマンは、イギリス鉄道黄金時代を代表する列車で、内装はとても豪華。クリスタルのライト、寄せ木細工の壁、ボルドー色のカーペットなど、細部にわたり、1940年台のアールヌーヴォーのデザインが実に優雅です。

まず乗車券を確認して、指定された、車両、座席に案内されます。既に、完璧にテーブルセッティングされ白いテーブルクロスに、爽やかな、ティーファニーブルーの食器が並んでいました。すぐさま、お世話係のウェイターさんが挨拶にいらして、「ようこそプルマンへ！マダム！シャンパンはいかがですか?」とにこやかに注いで下さいます。「さあ、乾杯！」ヘッドコーン駅まで片道2時間。ロイヤル気分のショートトリップの始まりです。

プルマンに乗ることを決めた時、真っ先に悩んだのが来ていく洋服でした。ドレスコードがはっきりしないのです。情報を集めようと、プルマンの特集記事の載っている雑誌などをいろいろ見て研究しました。途中、リーズ城観光を考えると、カクテルドレスでは大袈裟、かといって、せっかくの特別な体験なのですから、後悔はしたくない。ということで、「カジュアルエレガンス」はいかがでしょうか。イメージとしては、ちょっと、よそ行きのお洒落。ワンピースに羽織りもの。スーツにジャケットという、きちんと感があれば、間

列車とはいえ、スタッフのサービスはきめ細やか。

違いはないでしょう。因みに、私は、淡いピンクのノースリーブのワンピースにアンサンブルのジャケットを羽織り、パールのアクセサリーを付けました。ワンポイント・アドバイスです。車内は意外と暗いので、ダークなお召し物より、明るめのお色を選ぶと、写真写りが良いと思います。

Belmond British Pullman

www.belmond.com

イギリス屈指のホテルで体験するアフタヌーンティー

Cliveden House

クリヴデン・ハウス（ウィンザー）

真紅を基調とした、ほんのり薄暗い重厚なグレートホール。ソファーに身を委ねると、貴婦人になった気分になるから不思議。

バースデー記念日の申し込みをすると、お祝いプレートとスタッフからのバースデーカードがもらえる（事前要予約・無料）

イギリスでも最大規模の敷地を誇るカントリーハウス・ホテル「クリヴデン・ハウス」は、ウィンザー城にも近く、テムズ河沿いの眺めのよい小高い丘に位置します。現在は、ナショナル・トラストの管理下にありますが、近年まで、上流階級の社交の場として、また、多くの著名人、政治家たちも集い華やかな歴史を刻んできました。

さて、ここでぜひ体験してみたいのが「貴族の邸宅で味わうアフタヌーンティー」。こちらのティーフーズはどれもサイズは大きめで、女性は、お腹がいっぱいになってしまうかもしれません。お味は塩分、甘さ共に、ひかえめの上品な薄味でした。ティータイムの後には、美しい庭園を散策するのも良いでしょう。

クリブデンの良いところは、アフタヌーンティーが 12 時から予約できること。通常イギリスではアフタヌーンティーは 14:30 頃からの提供が多いのですが、お昼からアフタヌーンティーだとランチ代わりになりますし、その後の時間を有効に使うこともできます。

スウィーツは甘さひかえめで上品だが、１つ１つが大きめ。特にセイボリーはボリュームたっぷり。食べきれなければお持ち帰りも可。

Cliveden House

Cliveden Rd, Taplow, Maidenhead SL6 0JF
www.clivedenhouse.co.uk

伝統とモダンが織りなす最高のアフタヌーンティー

The Connaught

コノート（ロンドン）

こちらのティーフーズは見るものを一瞬にして虜にする魔力がある。ポップなバースデープレートは要予約（無料）。

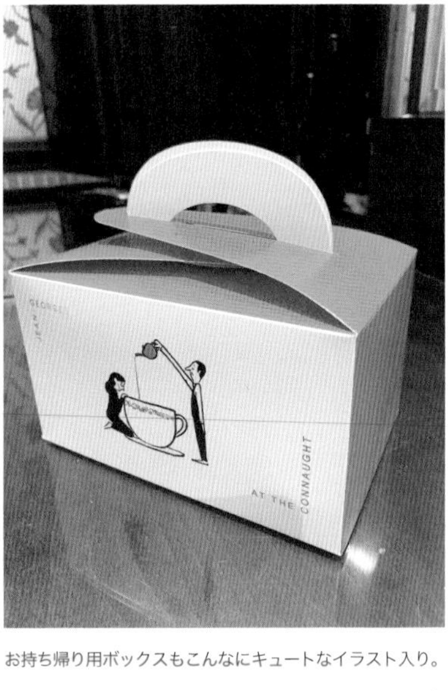

お持ち帰り用ボックスもこんなにキュートなイラスト入り。

この日は、初めての本づくりを支えてくれたブリティッシュ・プライドの新宅久起氏と共にバースデーをお祝い。

ロンドンの一等地メイフェア、ボンドストリートから程近く、ブリック張りの、これぞイギリスという美しい街並みの中にコノートは存在します。

アフタヌーンティーが運ばれてくるとまず目に飛び込んでくるのは色彩の美しさ。特に目が釘付けになったのは、サンドイッチ。まるで虹のようなグラデーション。彩りだけでなく、オニオンブレッドを使用したり、スコティッシュサーモンにチリソースを忍ばせたりと驚愕の美味しさ。こんなに美味しいサンドイッチを食べたことは生まれてはじめてでした。

そして、コノートのスコーンは、セルクルに入れたまま焼く独特な方法。食べた食感は、しっとり、ふわっふわです。これまた、こんなにソフトな軽いスコーンを食べたことはありません。今、ロンドンのホテルでは No1」と評価されているコノート。セイボリー、スウィーツどれもとても手が込んでいます。

セルクルを使って焼き上げる独特のスコーン。おいしくてついおかわりを頼んでしまう。

The Connaught

Carlos Pl, Mayfair, London W1K 2AL
www.the-connaught.co.uk

ロンドン・メイフェアの定宿ホテルへご案内

Chesterfield Mayfair

チェスターフィールド・メイフェア (ロンドン)

人気観光スポットにも近い利便性の高いホテル

ロンドンで数少ない、イギリスらしいクラシックな落ち着いた内装とインテリアで、訪れた人の期待を裏切らないホテルです。

レストランは朝食、ランチ、アフタヌーンティー 、ディナーと楽しめ、日中のバーラウンジは、ティー、コーヒーの他ノンアルコールカクテルなどカフェとして利用できます。夜は毎晩ジャズの生演奏が行われ、大人の社交場として賑わいをみせています。

気軽に声かけてくれるフレンドリーなスタッフ達にも好感が持てます。また毎日のハウスキーピングの心配りもきめ細かく、日中の補充以降も毎晩何か欲しいものはないかと尋ねてまわってきてくれ、本当にサービスが行き届いていると感心しました。

チェックアウト前日。外出から戻ると、部屋にはフェアウェルケーキとティーセットが用意されていて、びっくり。そんな演出も心憎い。おもてなしの真心を感じた瞬間でした。

地下鉄グリーンパーク駅に近く、ショッピング、観光と立地もとても良い。常宿にしたいホテルです。

遊び心溢れる チェスターフィールドの アフタヌーンティー

メニューのタイトルをよく見ると、“The original Sweetshop”とあります。思わず声をあげてしまったほど、カラフルで可愛らしいものが登場してきました。お味は、かなり甘め。大きさは決して小さくはありません。しかしイギリスらしいトラディショナルなスウィーツ & サンドイッチです。

最も特徴的なのはアフタヌーンティータイムだけ、グミやキャンディ、ゼリーなどを量り売りしてくれること。レストラン前方に赤と白の可愛らしいワゴンにお菓子の瓶がズラリと並んでいる光景は正しく「お菓子屋さん」です。買っていくのは子供ではなく大人たち。皆さん嬉しそうです。

イギリスで駄菓子屋さん体験？一風変わったアフタヌーンティータイム。楽しい思い出を作ってみては如何でしょうか？

ワゴンの隣には、コイン式ガチャガチャマシーンが。つい童心に帰ってしまう。

Chesterfield Mayfair

35 Charles Street, Mayfair, London W1J 5EB
www.chesterfieldmayfair.com

グランドヨーロピアンカフェで過ごす特別な朝
The Wolseley

ウォルズリー（ロンドン）

びっくりメニューとして、£60もするキャビア入りオムレツがある。

リッツ・ホテル隣という抜群の立地にある「ウォルズリー」。高い天井、大きなシャンデリア、モダンなインテリアと、ウィーンの高級カフェを彷彿とさせます。

ここはアフタヌーンティーで有名ですが、実は朝食が高く評価されています。平日は朝の開店とともに、朝食をとりながらの商談や打ち合わせのビジネスマンが多く、賑わいを見せています。たかが朝食と侮るなかれ、かならず予約が必要です。

さて、当日ドアを開けると、スタッフが「Good morning, Ms Kosaka」と、こちらが名乗らなくても歓迎してくれます。それだけで朝からとても良い気分になります。

メニューを広げると、種類の豊富さに驚いてしまい、選ぶのに困ってしまうほど。私は「フィッシュケーキ」とクロワッサンを注文。フィッシュケーキとは鱈のすり身やジャガイモなどをこねて成形し油で揚げたコロッケというところでしょうか。上にオランデーヌソースのかかったポーチドエッグが乗っています。とても大きなクロワッサンは、バターがたっぷりサックサクで、トーストに少し飽きてきた滞在中には、かなり感動ものです。是非召し上がって下さい。

The Wolseley
160 Piccadilly, St. James's, London W1J 9EB
www.thewolseley.com

男性へのプレゼントなら このお店はいかが？

Cordings

コーディングス（ロンドン）

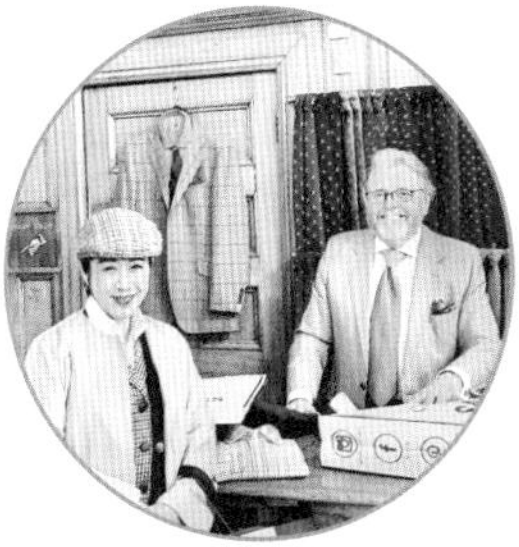

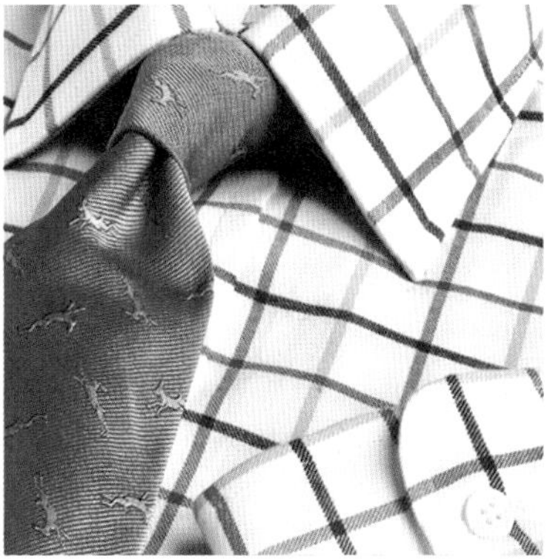

難しそうな柄のシャツ、派手なネクタイのコーディネートもセンス抜群。

ご主人や彼へのお土産に困ったことはありませんか？紅茶やお菓子というわけにもいかず…。そこで、紳士の国イギリスならではのセンスの良いとっておきのお店をご紹介致します。

ピカデリーにある1829年創業カントリーウェアの老舗、ロックギタリスト、エリッククラプトンが共同オーナーを務める「コーディングス」です。

ジャケット、シャツ中心にセーター、マフラー、帽子などかなりセンスの良い品が揃います。中でもお土産に最適なのは、カラフルなソックスやネクタイ。個人的には、ハイブランドの物よりもずっと良い記念になると思います。

そして、こちらは、レディースも豊富。トラディショナルな中にも今風のシルエットが見られ、なんとも格好良い。私もジャケット、シャツ、帽子などを購入しました。

Cordings
19 Piccadilly, London W1J 0LA
www.cordings.co.uk

誰にも教えたくない
とっておきの
隠れ家ホテル
The Draycott Hotel

ドレイコット（ロンドン）

“本当は誰にも教えたくない”私のとっておきのホテルです。一見するとホテルとは思えないタウンハウス。個人のお宅のようにインターホンを押してドアを開けてもらいます。

地下鉄スローン・スクエア駅から徒歩5分という好立地。まるで自宅に帰って来たかのように迎え入れてくれるスタッフ、こじんまりとして落ち着くドローイング・ルーム、そして最大の特徴はプライベート・ガーデンがあるということ。美しいグリーンの芝生の庭を散歩していると、ここが都会の真ん中だということを忘れてしまうほどです。

心のこもったおもてなしとして毎日16:00にはシャンパン、23:00にはホットチョコレート＆ビスケットが振る舞われます。毎晩家族と会話を交わすように「おやすみなさい。また、明日」とにこやかに言葉を交わし眠りにつくのです。

The Draycott Hotel
22-26 Cadogan Gardens, London SW3 2RP
https://all.accor.com

ドローイングルームでは、芝生を眺めながらアフタヌーンティーも楽しむことが出来る。

至高の装飾芸術に囲まれる幸せ

The Wallace Collection

ウォレス・コレクション（ロンドン）

　15世紀から19世紀にかけての世界的に有名な美術品、装飾美術品の数々および18世紀フランスの広範囲にわたる絵画作品、家具、武具、鎧、磁器、そして有名な、オールド・マスター（18世紀以前に活動していたヨーロッパの優れた画家・例レオナルド・ダ・ヴィンチやラファエロ、ミケランジェロなど）の絵画作品を25室のギャラリーに展示しています。

　館内には、クラシックな雰囲気とは全く異なった天井の高い明るく開放的なテラスカフェが併設されています。そこで今観た芸術の余韻に浸りながら疲れた身体を休めることが可能です。

　サラダ、サンドイッチ、パスタなどのちょっとしたお食事やキャロットケーキ、アフタヌーンティーなどもあります。因みに、こちらのスコーンは、かなりのビッグサイズですが、驚くほど、ふんわりとしていて侮れない美味しさです。

個人の収集とは思えないほどの質と量に、ただ圧倒されるばかり。

The Wallace Collection

Hertford House, Manchester Square, London W1U 3BN
www.wallacecollection.org

創業1919年、わざわざ遠出しても訪れたい老舗の名店。

お茶好きの聖地、ベティーズへ

Bettys Harrogate

ベティーズ・ハロゲイト（ハロゲイト）

ドライフルーツやナッツがゴロッと入った、素朴な甘さの焼き菓子。『ファットラスカル』は、ベティーズが発祥。

ヨークシャーエリアに6店舗あり、2019年で100周年を迎えたベティーズ。朝食から夕食まで幅広く提供していますが、ベティーズといえばアフタヌーンティーでしょう。小さめなプレートの三段スタンドに、一口サイズのケーキ、具がたっぷりのサンドイッチ、大ぶりだけれど、ソフトな軽いタイプのスコーンが一つ。全体的にバランスがよく、女性にもちょうどいいボリューム。

1階はアフタヌーンティー・食事、予約なしで入れるフロアですが、2階にはアフタヌーンティー予約者専用のフロアがあります。

老若男女、常に行列が絶えない理由は、店頭販売のケーキの種類の豊富さにもあるようです。ティールーム別棟には、ケーキやお菓子のギフト、紅茶などの販売スペースがあります。お土産選びに迷っていると、あっと思う間にショーケースの中が空っぽに。種類だけではなく、やはりお味の方もお墨付きということですね。

食事系メニューは種類も豊富。休日のお昼時ともなると、家族連れで賑わう。

Bettys Harrogate

1 Parliament Street, Harrogate HG1 2QU
www.bettys.co.uk

右の写真のキャニスターを模して作られた、スタイリッシュな創業200周年記念缶！

200年の歴史を刻む老舗ティーハウス

Farrer's

ファーラーズ（ケンダル）

湖水地方の軟水に合う紅茶は、日本の水にもよく合う。本日のケーキだけでも、毎日５種類以上用意されている。

湖水地方ケンダル。2019年に創業200周年を迎えたティー＆コーヒーハウス・ファーラーズ。地元ケンダルでの焙煎にこだわったフレッシュなコーヒー豆、世界中から厳選して仕入れた豊富な茶葉を扱うことで有名です。

一歩ドアを開け、1637年築という建物内に入ってみると、左右にずらりと美しくコーヒーと紅茶の並んだ棚が目に飛び込んでくるでしょう。特に、黒地にゴールドで1〜20と書かれた、大きなティーキャニスター（茶葉を保管する缶）は、1856年から使用しており、その姿は圧巻。

カフェといってもお食事メニューも充実。アフタヌーンティーは、14:30から。スコーンは田舎タイプの大振り。クロテッドクリームではなく、バターでいただくのも特徴的です。

レジ周辺のショップコーナーには湖水地方で人気の代表的なスィーツ、ファッジやトフィー、ジンジャーブレッドなど、有名店の商品が取り揃えてありお土産に便利。

決して広いとはいえない店内。けれど常に地下から4階まで超満員です。200年もの長い間、地元の人々に愛され続けてきたファーラーズ。初めて訪れたのに、何故か懐かしい気持ちにさせてくれるそんな雰囲気が心地よいお店です。

店頭のウィンドウの光には、長い年月愛され続けてきた、心和む温かさがある。

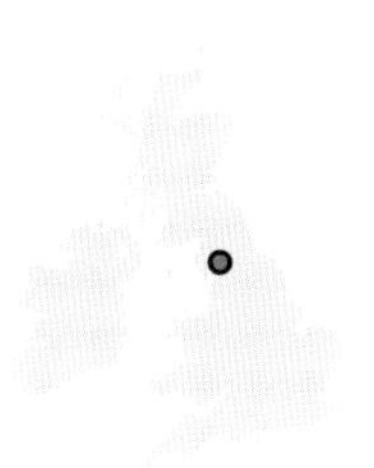

Farrer's
13 Stricklandgate, Kendal LA9 4LY
www.farrers.co.uk

暮らしを豊かにする
素敵なものに出逢う予感
Petersham Nurseries

ピーターシャム・ナーサリー（リッチモンド）

ガーデンショップ、ハウスレストランは、テムズ川沿いの広大なリッチモンドパーク内にある。

素敵な花のディスプレー。ユーモラスな雑貨も発見。こんな遊び心も必要かもしれない。

リッチモンド・パーク内にある、セレブ御用達として有名なガーデニングショップ。苗木はもちろんの事、グリーンハウスの中では、お部屋を飾る観葉植物やフラワーベース、キャンドル、雑貨など、お値段はかなりはるものの、必ずやお洒落なライフスタイルを約束してくれる、素敵なものに出逢うことが出来るでしょう。

併設するハウス・レストランは沢山のグリーンや花々に囲まれ、天気の悪い日も一年中気分良く過ごせます。

ここは季節のハーブや素材をふんだんに使ったナチュラルをテーマにした「スローフード」を提供しています。心も体も豊かになれる、そんな癒しの空間です。

一輪挿し、フレグランス、キャンドルなど独特のセンスの光るアイテムが揃う。自分用のプレゼントにもギフトにも。

ガラスの天井からさす、柔らかな光に包まれながらの食事は、いつしか心にゆとりが生まれるだろう。

Petersham Nurseries

Church Lane, Off Petersham Road, Surrey TW10 7AB
https://petershamnurseries.com

イギリス陶磁器の故郷 ストーク・オン・トレントの楽しみ方

Stoke-on-Trent

ストーク・オン・トレント

かつての工場跡に設けられたミュージアム。「ブルールーム」ではスポードの貴重な歴史的資料を見ることが可能。

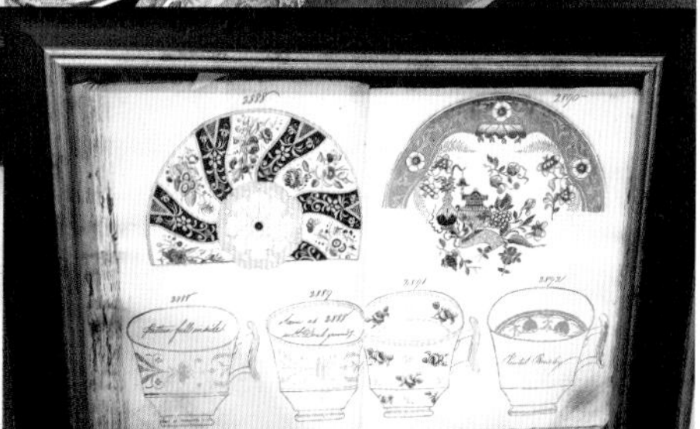

銅板転写による下絵付け技法において、英国陶磁器界に大きな功績を残した。左下：ティーポット型のランプが目を引く、バーレイのカフェ。

Spode Works Visitor Centre

32 Elenora St, Stoke-on-Trent ST4 1QD
www.spodeworks.org

イギリス中部に位置するストーク・オン・トレントは陶磁器生産で名を馳せてきた街。陶磁器工場やショップが街のあちこちに点在しています。ここで見るべきはスポード、バーレイではないでしょうか。

2020年は、スポード・ブルーイタリアンが誕生してから250周年。かつての工場跡地に設けられたミュージアム「スポード・ワークス・ビジター・センター」にはブルーイタリアンの歴史を物語る名作が陳列された「ブルールーム」や転写用リトグラフ刷りのデモンストレーションのコーナーや女性の絵付け師による実演が見学できるコーナーもあります。そしてミュージアムのもう一つの楽しみは、オールドスポードの食器が良心的な値段で買えること。よく探してみるとかなりの掘り出し物に出逢えるかもしれません。

そして、もうひとつがロマンチックで繊細な柄が人気のバーレイ。150年前当時のままの雰囲気を今に残すバーレイのファクトリーは、日本からの訪問者がとても多いとか。お目当ては、伝統の物づくりを感じることができるファクトリーツアーと、日本よりも驚くほど安いアウトレットショッピングでしょう。運河を臨むカフェでのティータイムもおすすめです。

手頃な価格のバーレイ・アフタヌーンティーセット。素朴な手作り焼き菓子、サンドイッチは、空色のバーレイウェアーとの相性もよい。

Middleport Pottery (Burleigh)

Port St, Burslem, Middleport, Stoke on Trent ST6 3PE
https://re-form.org/middleportpottery

バーレイ、アウトレットショップ。正価の35%〜75%割引という価格は魅力的。今は生産しなくなったパターンもあり掘り出し物の宝庫。郵送も可能。

陶磁器の故郷にある可愛いティールーム

Whitmore Tea Rooms

ウィットモア・ティールーム（ウィットモア）

ストーク・オン・トレント郊外の小さな村ウィットモアに、村の名前を冠した、「ウィットモア・ティールーム」があります。

テーブルに通されると、乙女心を揺さぶられる、驚きと感動が迎えてくれます。アンティークのティーカップ&ソーサーと柄の異なるプレートのティーセット。なんとも楽しい組み合わせが、新鮮でお洒落に感じられます。

アフタヌーンティーを頼み、運ばれてきたスリーティアーズに目を疑います。プレートから明らかにはみ出している大きなケーキ、スコーン、ボリュームたっぷりのサンドイッチ、オープンサンド。皆んなでシェアして少しずつ食べましたが、それでも食べきれませんでした。

ここは古き良きイギリスのアフタヌーンティー体験ができる、そんな素敵な村のティールームです。

ここは紅茶とスウィーツをこよなく愛する地元の人々の憩いの場。気取らない英国式ティールームのアフタヌーンティー。

Whitmore Tea Rooms

Whitmore, Newcastle ST5 5HR
www.whitmoretearooms.co.uk

蜂蜜色の優雅なひととき
Buckland Manor

バックランド・マナー（コッツウォルズ）

歴史を感じさせる建物は、威厳があり、よく手入れされたガーデンには、ヒースが咲き誇り、グリーンとの対比が美しい。ガーデンでもアフタヌーンティーを楽しむことが可能。

ここバックランド・マナーは自宅にいるように寛いで欲しいというコンセプトのもと、居心地の良さに定評があります。コッツウォルズで一番のマナーハウスと言われる由縁でしょう。

6月、わたしが訪れた時は、良く手入れされた庭にはラベンダーやバラ、ルピナスなどが咲き乱れ、気持ちの良い風が吹いていました。

滞在中にアフターヌーンティーを頂きましたが、運ばれてきたスリーティアーズはぎっしり。スコーンの大きさに驚きましたが意外にもサクサクとした軽い食感で、とても美味しい。こんなスコーンは初めてでした。明るくフレンドリーなスタッフは、気さくに話しかけて下さいますし、スマートなサービスにも好感が持てます。

蜂蜜色の優雅なひととき。どこかホッとする魅力あふれるホテルです。

Buckland Manor

Broadway WR12 7LY
www.bucklandmanor.co.uk

旅行に持っていくもの

❶シルクカシミヤストール

上質な素材の大判ストールは、一枚あるととても便利。機内では、自分だけの高級ブランケットに早変わり。冷たい風吹く日でも、暖かくいられる、お洒落な優れものです。シルクカシミアなので、とても軽くて、コンパクトになるのも嬉しい。

❷ストール

LouisVuitton のショール・モノグラム／ライトベージュ・グレー（洋服・靴に合わせて）

❸携帯用バレエシューズ

機内では、靴を脱いでリラックス。ホテルでもお気に入りのルームシューズで過ごしましょう。

❹キューブ・ドゥ・ランジュマン

衣類がシワにならないように畳んで入れる衣装ケース。さすがルイヴィトン。形状がしっかりしていて、手放せない。

❺折り畳み傘と傘用吸水袋

イギリスはとにかく雨が多い国。折り畳み傘を持っていく場合のお助けグッズとして、水分をサッと吸収してくれる収納袋があると便利です。内布がモコモコしていて、すぐ乾く、優れものです。

❻キューブ・ドゥ・ランジュマン ミニ

ルイヴィトン④のサイズ違い。大切な衣類をコンパクトにまとめます。

❼ウェーブソールシューズ

ヒルズ・アベニューのウェーブソールシューズは、ヒールが5,5cm あるにも関わらず、ソールがウェーブ状になったウエッジヒールで歩きやすく、疲れにくい快適仕様。一日中歩く観光時には勿論のこと、パンプスなので、きちんと感があり、スカートやワンピースでも大丈夫。ちょっとしたお食事には便利です。

❽ポシェット

両手が使えるポシェットは、空港では大切なパスポートを入れたり、ホテルの朝食では携帯を。モノグラムはカジュアルなデニムにも、フェミニンなスカートにも合うので、観光時も服装を選ばずに出掛けられます。ショッピングで大荷物になっても大丈夫。

❾エコバッグ
折り畳み ナイロンバッグ・ロンシャン「プリアージュ」

スーパーは、何処でもプラスチックバッグは有料です。エコバッグを持参しましょう。記念にそのお店のロゴの入ったエコバッグを購入することもお勧めです。

❿折り畳み　サブバッグ・ロンシャン「プリアージュ」

使わない時は、コンパクトに収納出来る便利グッズ。お土産をいっぱい買ってしまった時などは、紙袋レジ袋が増えないようにしましょう。

❶
❷
❸
❹
❺
❻
❼
❽
❾
❿

あとがきにかえて

　イギリスに憧れて英国式サロン「ロイヤル・エンクロージャー」をオープンしてはや2年。その間、たくさんの方々との出会いがありました。趣味で集めたアンティークのカップにシルバーのポットで静かにお茶を注ぐ。温かいスコーンやスウィーツをふるまう。サロンでお客さまと過ごすティータイムは私にとって心豊かになれる時間です。

　よくお客さまから、「ロイヤル・エンクロージャーは、つい長居したくなる、居心地が良いサロンですね」という言葉をいただきます。実はサロンでの私の役割は、皆さまのお話を「聞く」ことだと思っています。例えてみれば、『徹子の部屋』ならぬ〝真理子の部屋〟のような空間でありたいと意識しています。サロンの居心地の良さの理由はそこにあるのではないでしょうか。

　２０２０年１月、私は本書の取材のために渡英しました。方向音痴の私は、ナビを使っても迷うばかり。そんな時、イギリスの方は、あちらの方から声をかけ

て下さいます。あるホテルのドアマンは、訪ねた場所以外に、お勧めの観光スポットをあちこちとプランを立てて下さり、ルートまで教えてくれました。また、グリーン・パークにあるアフタヌーンティーで有名な「ザ・ウォルズリー」では、ドアを開けた瞬間に、「おはようございます、コサカさま！」と歓迎してくれました。なんて素晴らしいサービス精神でしょう。あらためてイギリス人の誠実さを感じて心が温かくなりました。

今回の渡英は1週間という短い期間でしたが、ますますイギリス、そしてイギリス人が好きになる出来事ばかりでした。その体験の一部を本書内で「私の好きなイギリス」と題して紹介していますが、イギリスの奥深い魅力を少しでも皆さまにお伝えできたら幸いです。

最後になりましたが、初めての本作りを支えてくれた主人、家族にこの場を借りて、心から感謝の気持ちを贈ります。ありがとう。

小坂真理子

英国への思いが詰まった自宅サロンで素敵な時をお過ごしください

Have a nice cup of

英国式
素敵なサロンの
作り方

自宅サロン「ロイヤル・エンクロージャー」へようこそ

2020 年 7 月 31 日 初版発行
著者：小坂真理子

編集：新宅久起
撮影（カバー、表紙～ P65）：岡本譲治
装丁：橘　勇

発行：株式会社ブリティッシュ・プライド
〒 153-0063 東京都目黒区目黒 3-12-11
Tel.03-4500-2158 Fax. 03-6451-2710
www.british-pride.net

発売：丸善出版株式会社
〒 101-0051 東京都千代田区神田神保町 2-17
Tel.03-3512-3256 Fax.03-3512-3270
https://www.maruzen-publishing.co.jp/

印刷・製本：シナノ印刷株式会社

ISBN978-4-909778-01-7